CAMPAGNE DE 1870

## ARMÉE DU RHIN

---

LES

# AMBULANCES

IMPRIMERIE J. CLAYE
RUE SAINT BENOIT 7
LABOR
PARIS

CAMPAGNE DE 1870

ARMÉE DU RHIN



# LES AMBULANCES

PAR

LE Dr FERDINAND QUESNOY

MÉDECIN PRINCIPAL DE 1re CLASSE A L'ARMÉE DU RHIN



PARIS

FURNE, JOUVET ET Cie, ÉDITEURS

45, RUE SAINT-ANDRÉ-DES-ARTS

1872

# AVERTISSEMENT

En publiant, il y a quelques mois, le récit des événements militaires de l'Armée du Rhin, j'ai cru devoir en écarter tout ce qui n'avait pas trait aux opérations de guerre, afin de ne pas distraire l'attention du lecteur de la succession et de l'enchaînement des faits concourant au même but : c'est ainsi que j'ai négligé de parler du rôle des ambulances pendant la campagne. C'était une lacune que quelques observations bienveillantes m'ont particulièrement signalée. Pour la combler, j'ai réuni les faits relatifs aux ambulances disséminés primitivement dans le cours de l'ouvrage et les ai groupés dans un chapitre spécial en conservant l'ordre chronologique pour en faire un exposé aussi complet que possible.

La question des ambulances reste à l'ordre du jour; sans cesse on s'en occupe, on cherche les meilleurs moyens pour perfectionner leur matériel, pour le compléter, pour prévoir tous les besoins et y pourvoir, pour adoucir enfin la situation des blessés : c'est une œuvre difficile à laquelle chacun doit apporter son concours selon son aptitude et son expérience.

# LES
# AMBULANCES

---

Après les batailles et ce qu'elles ont d'émouvant, d'entraînant, vient la phase douloureuse où l'on compte les victimes, où on les recueille, où on les soigne ; le rôle des ambulances commence, et, si dans les camps on entend la manifestation de la joie au jour du succès, quel que soit le résultat d'une lutte, l'ambulance est toujours l'asile de la souffrance; là est ouvert le grand livre où l'on inscrit le prix d'une victoire comme celui d'une défaite ; aussi dans le récit des batailles néglige-t-on toujours ce côté attristant, pour ne peindre que ce qui peut entraîner et exalter. Pourquoi, en effet, assombrir la joie d'un succès ou augmenter la douleur d'une défaite? mieux vaut laisser les victimes dans le lieu retiré où le dévouement, la charité se multiplient, et font à l'envi des efforts pour réparer les malheurs de la guerre; mais aussi, combien les prévisions devraient être grandes, combien la sollicitude devrait s'étendre sur tout ce qui peut contribuer à amoindrir ces maux! Comme si l'on eût prévu l'accroissement du nombre des blessés par le perfectionnement des armes de guerre, le sentiment public a, depuis plusieurs années, fait les plus grands efforts pour augmenter les ressources de guérison, pour accroître le bien-être des blessés, pour amoindrir les maux de la guerre. Il est arrivé partout, dans la désastreuse campagne que nous venons de faire, à de bons résultats : à Metz, surtout, dans les conditions défavorables où nous nous trouvions placés, au milieu d'un nombre de blessés en dehors de toute proportion avec la population, nous avons trouvé les soins les plus empressés, le dévouement le plus absolu et une charité des plus ardentes. Grâce à ces nobles sentiments, nous avons pu faire du bien, nous avons pu pourvoir à des nécessités sans cesse renouvelées, et peut-être diminuer le nombre des victimes de la guerre.

Les moyens de secours dont dispose une armée ne peuvent jamais être calculés en vue d'une situation comme celle dont l'armée du Rhin a dû supporter les conséquences. Dans leur ensemble, s'ils sont suffisants pour les circonstances ordinaires, ils ne le sont plus quand les armées sont éloignées de leur base d'opération et assaillies par l'imprévu ; à plus forte raison quand elles sont bloquées en dehors des prévisions, et par conséquent sans ressources suffisantes en objets de literie, de pansement ou en médicaments. Malheureusement, même au début de cette campagne, les moyens réguliers, réglementaires manquaient partout, et souvent l'ambulance elle-même n'existait pas, c'est-à-dire qu'il n'y avait ni personnel ni matériel ; il suffit pour s'en convaincre de lire les dépêches télégraphiques envoyées par presque tous les chefs de corps d'armée au moment où les troupes étaient déjà à la frontière, et ce fait ne s'est pas seulement produit dans cette guerre, nous l'avions déjà constaté dans les campagnes antérieures : à notre arrivée à Gallipoli, on scindait en trois parties le matériel d'une ambulance divisionnaire amenée d'Algérie, parce que l'on manquait de ce qu'il fallait pour chacune des trois divisions; en Italie, nous entrions en campagne presque dépourvus de ce qui était nécessaire au besoin des ambulances, leur fonctionnement en souffrit toujours, et la pénurie de nos moyens d'action fut, à un moment, si grande que l'opinion publique s'en émut et provoqua la convention de Genève. En 1870, nous avions, au début de la campagne, des ressources aussi insuffisantes, et malheureusement cette pénurie s'est fait sentir avant que nous ayons pu nous compléter. Ces situations n'échappent pas aux soldats, elles produisent sur eux un fâcheux effet, leur donnent de l'inquiétude et provoquent le mécontentement, qui devient d'une répression difficile quand il est justifié.

Ce n'est pas à dire cependant que les prévisions ne s'étaient pas étendues aux ambulances et que leur matériel faisait absolument défaut; au contraire, c'est une des choses auxquelles il a été le plus immédiatement pourvu; depuis plusieurs années on s'était attaché à étudier soigneusement tous les détails des ambulances, et on croyait avoir pris les meilleures mesures pour en assurer le fonctionnement facile; mais tout leur matériel était, comme celui des équipages, centralisé à Paris; il fallait en expédier beaucoup en peu de jours, ce qui était impossible, et celui que l'on expédiait était lui-même centralisé dans des lieux où l'on ne soupçonnait pas son existence, comme cela est arrivé à Metz. Ici encore il y avait non pas manque de moyens, mais mauvaise direction, mauvaise distribution.

Cependant, les ambulances s'organisèrent à peu près complétement dans les conditions prévues par nos règlements, conditions imparfaites, ainsi que nous le verrons; et, comme elles sont les mêmes pour toutes les ambulances divisionnaires, je me borne à donner la composition de celles du 6e corps, auquel j'étais attaché. Elles furent formées au camp de Châlons, avec un personnel recruté dans tous les points de la France et même d'Algérie; elles étaient au nombre de six : une pour chaque division d'infanterie, une pour la division de cavalerie et celle du quartier général. Chacune d'elles avait pour personnel : un médecin-major de 1re ou de 2e classe, chef de service, et trois aides-majors; celle du quartier général avait pour chef un médecin principal de 2e classe, un médecin-major de 1re classe et trois aides-majors; en tout vingt-six médecins d'ambulance pour un corps d'armée de près de 40,000 hommes. Signalons de suite que l'ambulance du quartier général, qui devrait être une réserve ou qui pourrait former à l'occasion un hôpital temporaire de seconde ligne, se trouvait à peine plus riche en personnel que les ambulances divisionnaires.

Le 5 août, ces ambulances reçurent leur matériel, composé de 14 caissons de chirurgie et 4 de pharmacie : deux caissons de chirurgie par ambulance et deux de réserve ; mais il manquait les attelages, que nous ne reçûmes qu'à Metz, et tous les infirmiers, dont le nombre fut toujours trop restreint pendant la campagne. Elles avaient, en outre, 20 mulets de cacolets ou litières, 10 voitures Masson par division, 50 brancards, 100 couvertures, 20 tentes chargées sur deux voitures du train, ainsi qu'un ballot contenant 100 chemises et 20 caleçons. Telle était à peu près invariablement la composition des ambulances divisionnaires de chacun des corps d'armée; quelques parties étaient suffisantes, les objets de pansement, entre autres, et les médicaments, mais le personnel était insuffisant. Néanmoins, avec les mêmes moyens nous avions pu, dans d'autres circonstances, faire face à tous les besoins, et nous espérions le faire encore; mais les chances de la guerre ayant été moins heureuses pour nous, l'action médicale devait s'en ressentir, et nous devions avoir la douleur de laisser à l'ennemi, dans beaucoup de circonstances, une partie de nos blessés. Après les journées de Reichshoffen et de Forbach, presque toutes les ambulances restèrent au pouvoir de l'ennemi, la rapidité de notre retraite n'ayant pas permis d'emmener nos blessés, et, par des circonstances peut-être indépendantes de la direction, mais, à coup sûr, dépendantes de l'organisation, nous eûmes le chagrin de montrer aux médecins de l'armée allemande l'exiguïté de nos ressources, plus grande encore en ce moment que plus tard, parce que, au début de la campagne, aucune des ambulances n'avait encore été, même à peu près, réglementairement organisée. Un de mes collègues, M. Bintot, médecin principal, me raconte ainsi le premier épisode d'une ambulance du 1.er Corps : « Après bien des péripéties, après mille difficultés pour nous procurer à Strasbourg une monture, une ordonnance et des moyens de transport pour nos vivres et notre menu bagage ; après avoir partout demandé où était notre corps d'armée, ce que nous avions à faire pour le rejoindre, le 5 août, au matin, le personnel médical de l'ambulance prend la route d'Hagueneau, où il arrive vers midi, n'ayant rencontré sur sa route que les populations effrayées qui fuyaient en toute hâte avec leurs bagages, nous assurant que l'ennemi occupait Hagueneau. L'ordre est donné de nous diriger sur Reichshoffen, et on nous offre le chemin de fer pour nous y transporter. Nous arrivons à cette station à huit heures du soir (quelques kilomètres en quelques heures). Il est impossible de nous livrer chevaux et voiture, parce qu'il n'y a pas de quais de débarquement, pas de port pour descendre à cette gare; il faut aller à Niederbronn, où nous arrivons à minuit.

« Le 6, au petit jour, nous pouvons cheminer et revenir à Reichshoffen où nous rencontrons le matériel et les infirmiers de notre ambulance. Déjà le canon gronde du côté de Frœschwiller, où se trouve le quartier général et où nous sentons notre présence utile; le médecin en chef de l'ambulance s'y transporte seul pour avoir des ordres; il revient promptement nous dire que le médecin en chef du corps d'armée nous attend à Frœschwiller. M. l'intendant, prévenu des nécessités qui se présentent sur le champ de bataille, nous dit de nous transporter là où notre présence est réclamée, mais, appelé par d'autres soins, il oublie de donner un ordre écrit à communiquer à chacune des parties constitutives de l'ambulance, et l'officier comptable, le capitaine du train refusent de marcher sans ordre de l'intendant; le personnel médical se dirige donc seul sur Frœschwiller.

« Les blessés sont déjà nombreux et il faut agir,

mais comment et avec quelles ressources ? Heureusement nous rencontrons dans l'église du village le sous-intendant de la 2e division, qui, lui, n'a ni personnel médical, ni infirmiers, ni comptable, mais qui possède un caisson garni de moyens de pansement, et c'est avec cette ressource qu'a fonctionné notre ambulance improvisée qui avait un millier de blessés.

« Notre situation fut fort critique pendant toute cette journée ; les obus, tombant sur et dans l'église, mutilaient ou tuaient les hommes confiés à nos soins ; le combat soutenu à quelques pas de nous par notre arrière-garde, l'arrivée de l'ennemi qui tire sur nous et tue plusieurs de nos blessés ; l'incendie du clocher nécessitant une évacuation précipitée, le pillage de nos caisses de chirurgie, les musiques et les hurrahs du vainqueur, tout cela constituait la scène la plus tragique et la plus navrante que l'on puisse imaginer. Peu s'en fallut que nous ne fussions tous maltraités parce que nous ne portions pas le brassard de la convention de Genève, que personne n'avait songé à nous distribuer.

« Dans la nuit, les Prussiens donnèrent à nos blessés du biscuit et du bouillon dont nous fûmes forcés de prendre notre part, vu l'absence de nos vivres.

« Le 7, la Société de secours internationale, dirigée par M. de Flavigny fils, vint à notre aide avec des vivres et une partie des secours qui nous étaient si nécessaires. L'exiguïté de nos ressources nous fut plus sensible encore, le lendemain du combat, lorsque nous vîmes arriver et s'installer à côté de nous, dans un ordre parfait, un lazaret de campagne allemand, dirigé par un médecin en chef. Avec une promptitude admirable les tentes furent dressées, les lits préparés, les marmites de bouillon (extrait de Liebig) et de café placées sur le feu ; de la glace même fut extraite d'un caisson spécial. De suite on retira de nos hangars les blessés allemands qui jouirent alors d'un bien-être dont nos soldats blessés étaient privés. Sous nos yeux, des bandages plâtrés furent appliqués aux fractures de jambe, tandis que nous en étions réduits à briser des caisses à biscuit pour façonner nous-mêmes les attelles de nos imparfaits appareils... J'ai pu voir à Wœrth les nombreuses ambulances ennemies, servies par un nombreux personnel, fournies de tout ce qui peut alléger les souffrances des blessés; j'ai pu me rendre compte de la sollicitude de l'État allemand pour ses défenseurs, en voyant l'admirable installation des trains-hôpitaux qui transportaient rapidement les blessés dans l'intérieur de leur pays... »

Une telle sollicitude, quelque grande qu'elle soit, ne peut jamais être excessive ; elle donne confiance et sécurité aux soldats et prépare bien des guérisons qu'entrave la pénurie des moyens de secours. Il ne serait pas juste, cependant, de se baser, pour apprécier le fonctionnement de nos ambulances, sur les conditions exceptionnelles que cette guerre nous a toujours faites ; mais on trouve dès le premier jour l'influence d'un des vices fondamentaux de l'organisation : la division des responsabilités. Cela seul est toujours une difficulté et peut donner lieu à des complications fâcheuses pour le bien du service, qui seraient évitées par une direction unique et une responsabilité médicale absolue.

Dans les combats livrés autour de Metz, nous eûmes encore le regret de laisser sur place plusieurs ambulances, notamment après la bataille de Saint-Privat. C'est le caractère exceptionnel de cette guerre de nous avoir presque partout forcés à la retraite. Dans ces conditions, le personnel des ambulances n'avait qu'un devoir, celui de rester avec les blessés et de leur donner des soins jusqu'à ce que les médecins de l'armée victorieuse les eussent relevés. C'est ce qu'il fit partout : plusieurs de nos médecins restèrent deux fois aux mains de l'ennemi avec leurs ambulances après nos défaites et beaucoup se virent refuser l'autorisation de rentrer à l'armée investie autour de Metz. Si le rôle des ambulances est facile quand les armées marchent en avant, quand on peut, dans chaque centre, créer des hôpitaux et faire des évacuations sur des points éloignés du théâtre de la guerre, il devient difficile et douloureux dans les conditions opposées. C'est au moment d'une retraite que la situation devient particulièrement pénible, et il faut aux médecins beaucoup de dévouement et d'abnégation pour ne pas abandonner leur poste dans un pareil moment. Ils voient venir le flot ennemi avec ses éclats de joie et l'enivrement du succès; ils assistent aux scènes de brutalité et de violence sanguinaires dont nos blessés ont été plusieurs fois victimes de la part des soldats allemands; et ils ont eu la douleur d'être impuissants contre ces excès. Rien ne leur est épargné dans cette condition la plus critique où une armée puisse se trouver, et ils n'ont comme compensation que la conscience d'un devoir accompli.

La bataille de Borny nous prit à l'improviste, l'armée opérait sa retraite sur la route de Verdun et les ambulances, avec leur personnel et leur matériel étaient déjà rangées à leur place, au convoi ; il ne restait à l'arrière-garde que le 3ᵉ corps avec les médecins des régiments quand les premiers coups de feu retentirent. Autant que possible on fit rétrograder les ambulances les plus voisines du théâtre de l'action, une partie de celles du 4ᵉ corps rebroussa chemin avec les divisions, mais ce ne fut que vers la fin de la journée que des secours purent être largement organisés ; néanmoins, les médecins de régiments purent, sur la place même, faire beaucoup de pansements avec l'aide des médecins de la société de secours, dont une ambulance était venue depuis deux jours rejoindre l'armée de Metz. Autant que les moyens de transport, requis à la hâte, le permirent, le plus grand nombre des blessés fut dirigé sur Metz où, indépendamment de l'hôpital militaire, on avait disposé en hôpital la grande caserne du génie. Dans la nuit on évacua sur cet asile presque tous les blessés ; des médecins civils et militaires y organisèrent promptement le service ; ils furent aidés dans cette œuvre par une foule de personnes charitables, qui apportaient à pleines mains : linge, bandes, charpie, médicaments et tout ce qui pouvait être nécessaire à un service si soudainement improvisé. Grâce au voisinage de la ville, les blessés n'eurent pas un long trajet à parcourir et ils trouvèrent un abri et un couchage meilleur que celui qui est ordinairement offert après une bataille.

Le lendemain le service était presque organisé, et comme l'armée continuait son mouvement de retraite, elle emmenait son personnel et le matériel des ambulances. Les médecins de la société de secours recueillirent dans les ambulances prussiennes de Colombey, Maleroy, Lauvallière, une centaine de nos blessés dont on n'exigeait, pour les rendre, que la promesse de ne plus prendre les armes contre la Prusse, durant la guerre. Tous avaient été pansés avec le plus grand soin dans les ambulances prussiennes, comme leurs nationaux eux-mêmes; c'est du reste une convention humanitaire de tous les temps que, dans les ambulances, amis et ennemis soient traités avec les mêmes soins, avec les mêmes égards; avant les dispositions de la convention de Genève, il n'en avait jamais été autrement, jamais je n'ai vu déroger à ces lois rigoureuses d'humanité.

Le 16 août, les ambulances des corps campés à

Rézonville (2$^{me}$ et 6$^{me}$) avaient bivouaqué à leur place de bataille derrière leurs divisions respectives. Au moment où s'ouvrit le feu, elles furent reportées un peu en arrière ; quelques-unes s'établirent dans le village même de Rézonville et occupèrent l'église, des hangars, la maison d'école, et, à mesure des besoins, elles envahirent les granges et même les maisons ; les habitants apportèrent de la paille, quelques paillasses et matelas ; d'autres ambulances s'éloignèrent du village, s'établirent dans des fermes et dans quelques prés ombragés voisins de cours d'eau ; les caissons furent vidés par parties et seulement à mesure des besoins, pour ne pas augmenter les embarras dans le cas où un mouvement de recul forcerait à recharger précipitamment ; une demi-heure après l'ouverture du feu, toutes les ambulances pouvaient fonctionner et elles ne tardèrent pas à être en pleine activité : les mulets des cacolets, les litières, les voitures Masson rendirent à l'armée les précieux services qu'ils ont toujours rendus, en recueillant promptement les blessés sur le terrain.

Comme dans les premières batailles, à Rézonville nous retrouvions en aussi grand nombre ces horribles mutilations produites par les éclats des projectiles creux; dans les campagnes précédentes, les blessures par balles étaient incomparablement plus nombreuses; ici c'étaient des déchirures effroyables, des ablations complètes de membres et des fractures très-comminutives; tout cela noir, saignant à peine et présentant des lambeaux informes dans les vêtements déchirés. Nous n'avions plus affaire à la mousqueterie, mais à cette formidable artillerie qui, pendant toute la bataille, ne cesse de couvrir de ses projectiles toute notre ligne et dont les munitions ne s'épuisent jamais.

Les blessures par éclats d'obus étaient au moins des deux tiers; l'autre tiers comprenait les blessures par balles et coups de sabre ou de lance. Cependant, malgré ces grandes mutilations, beaucoup de blessés avaient encore l'énergie et la possibilité de se rendre à pied aux ambulances avec l'aide d'un camarade : j'ai vu des artilleurs avec un membre enlevé, qui venaient de faire deux kilomètres à pied, un autre avec une horrible blessure à la face qui avait fait le même trajet. Ce n'est pas à dire pour cela qu'il y ait toujours absence de douleur; au moment de la blessure, elle peut ne pas exister, mais elle se développe après les premières heures.

Il ne faut pas croire que l'ambulance soit un

lieu où retentissent les plaintes et les gémissements; si la douleur y arrache quelquefois des cris, ils sont étouffés par la résignation, les malheureux se consolent réciproquement, c'est à qui se plaindra le moins; on dirait qu'ils ont la coquetterie de souffrir sans se plaindre, comme on a la coquetterie d'une belle action; aussi s'attache-t-on de tout cœur à ces patients résignés, et je comprends que, dans ce temps où les sociétés de secours font appel à tous les dévouements, chacun s'empresse d'y répondre; les natures les plus délicates, les plus exquises ont surtout l'occasion de se produire en se chargeant de ces soins attentifs qui soulagent et de ces consolations qui relèvent le moral défaillant. Toutes ces choses pieuses n'ont jamais manqué aux victimes de la guerre, la chirurgie militaire a toujours eu pour devise : humanité, dévouement; mais on ne saurait trop augmenter les moyens de soulager tant de nobles infortunes, et le concours de tous ne peut pas être donné à une meilleure cause.

L'action se prolongeant, les blessés s'accumulaient, et il devenait urgent de procéder à des évacuations sur Metz; l'administration prit les mesures les plus efficaces possibles, en réquisitionnant toutes les voitures, en déchargeant celles du convoi pour les affecter au transport des blessés; des cacolets, des litières, des voitures Masson furent même employés à cet usage; c'était regrettable, car ces moyens indispensables pour les voyages du champ de bataille aux ambulances, se trouvaient ainsi sensiblement diminués. Pendant toute la journée du 16, pendant la nuit, on dirigea sur Metz le plus possible de nos blessés, mais il en restait beaucoup encore dans les différentes ambulances et dans des maisons du village où leur présence était ignorée.

Les évacuations continuèrent le 17, et l'armée avait quitté les emplacements de la journée du 16, qu'il y restait encore des ambulances dont, par nécessité stratégique probablement, on ne pouvait pas assurer la protection ; nous avons dit comment, à la ferme de Mogador, grâce aux officiers prussiens blessés qui y avaient été recueillis, nos soldats ont été protégés et comment il fut possible de les conduire à Metz avec les transports de la Société de secours amenés le 17 dans la nuit. Mais il restait encore dans le village de Gravelotte un grand nombre de blessés soignés par les médecins des ambulances du 2$^{e}$ corps, qui jugèrent de leur devoir de rester à leur poste, au moins jusqu'au moment où les médecins de l'armée allemande viendraient prendre possession des blessés. L'histoire des quelques journées qui suivirent est vraiment faite pour inspirer la pitié sur le sort de nos malheureux blessés et donner une infirmation aux sentiments d'humanité dont les Allemands font volontiers parade. Le 18 août, à six heures et demie du matin, me raconte M. Billet, médecin aide-major, un officier prussien vient prévenir le médecin en chef qu'il nous est impossible de rester à Gravelotte, qui va être le centre d'une action nouvelle; il nous laisse, du reste, libres de regagner les avant-postes français, en nous prévenant qu'il ne sait pas si les avant-postes allemands nous laisseront passer; il nous engage donc à ne pas faire cette tentative qui serait probablement inutile, la bataille devant être engagée avant que nous ayons le temps d'arriver. L'intendant, le médecin en chef, décident donc qu'on se rendra en arrière de l'armée prussienne et que, vu l'absence de nos moyens de transport, les blessés seront remis aux médecins prussiens.

Nous sommes conduits à Vionville avec tout notre matériel par un officier d'état-major allemand; l'ambulance traverse le champ de bataille de Gravelotte à Vionville, en évitant Rézonville où ont été exécutés des travaux de défense; notre guide nous fait placer dans un champ en avant de Vionville, en attendant qu'il aille chercher des ordres. En traversant le champ de bataille de Rézonville nous avons trouvé les corps de nos malheureux soldats à l'endroit où la mort les avait frappés, et dans les attitudes les plus diverses, expliquant jusqu'à un certain point les émotions qui avaient assailli ces victimes au suprême moment : l'un s'était fait un oreiller de son sac, pour relever sa tête saignante, un autre avait préservé sa figure des rayons du soleil sous son mouchoir de poche, un Breton tenait encore dans ses mains un livre de prières. Ces corps inanimés attendaient une sépulture que nous ne pouvions pas leur donner en ce moment, où nos actions ne dépendaient pas de notre volonté, mais de celle de l'autorité prussienne. Nous étions absorbés par les tristesses de ce lugubre spectacle, lorsque le médecin en chef allemand, M. Lœfler, accompagné de M. Abel, médecin du 3e corps et d'un aide-médecin, vint nous prescrire, d'une manière assez peu gracieuse, de diriger l'ambulance du quartier général sur Vionville et celle de la 1re division sur Rézonville, dès que M. Abel aura pris note du personnel et du matériel composant nos ambulances. C'est pendant ce temps que commençait la bataille de Saint-Privat. Nous avons eu occasion de rencontrer les troupes allemandes allant au combat et d'admirer notamment leurs ambulances. Le médecin en chef et ses aides dirigent le convoi et sont suivis de 150 infirmiers marchant en rang et au pas comme le reste des troupes; derrière viennent les caissons si légers et si commodes au nombre de cinq ou six par ambulance divisionnaire, puis quelques voitures d'approvisionnement; tout ce convoi marche dans le plus grand ordre, chacun y tient sa place et y conserve toujours sa distance.

A Vionville on nous parque dans un enclos gardé par une sentinelle armée. Le jour de notre arrivée, nous avons, tant bien que mal, installé nos blessés sur de la paille, les uns sous les quelques tentes que nous possédions, les autres en plein air, car nous ne pouvions les sortir de notre enclos pour les porter dans les maisons qui étaient, du reste, presque en totalité occupées par les blessés allemands de la bataille du 16 et de celle qui se livrait en ce moment. Personne ne s'inquiéta autrement de nous ni le jour ni le lendemain, et si nous n'avions eu suffisamment de vivres, nos blessés en auraient certainement été privés.

Dans la soirée, notre médecin en chef et l'intendant se rendirent à Rézonville, chez le général en chef, pour demander un sauf-conduit et des moyens de rapatriement. Ce sauf-conduit, signé par le général Steinmetz, permit à ces messieurs d'aller à Metz, d'où ils revinrent le matin avec une quarantaine de voitures de réquisition. On leur avait fait faire ce voyage les yeux bandés. Pendant ce temps les autres médecins de l'ambulance, prévenus par les médecins prussiens, étaient allés visiter les blessés français prisonniers et traités, du reste, comme les Allemands, dans l'église et autres maisons du village.

Les voitures amenées furent bientôt remplies par nos blessés, par ceux d'une ambulance prise le 17 au matin à Rézonville et par quelques blessés prisonniers. Nous étions prêts à partir, vers deux heures du soir, munis de notre sauf-conduit, quand un officier prussien, capitaine de cavalerie, commandant supérieur à Vionville et *muni du brassard*, s'élança comme un furieux sur le médecin en chef, lui adressant, en allemand, les plus grossières injures, prétendant que nous étions des traîtres, que nous voulions fuir clandestinement et qu'il allait nous faire tous prisonniers. Cette allégation d'une fuite clandestine était au moins bizarre, car il était deux heures après midi, nous avions quarante voitures, et nos préparatifs, avec le chargement des blessés, avaient duré plus de quatre heures.

Le médecin en chef montra son sauf-conduit; mais le Reitmeister lui répondit que cette pièce, signée Steinmetz, n'avait plus de valeur, ce général ayant été remplacé depuis la veille par von Gœben. Nous fûmes donc obligés de décharger nos malheureux blessés, qui souffrirent horriblement de cette double et inutile manœuvre. De plus, nos voitures furent confisquées et servirent aux évacuations des blessés allemands. Cette mesure était d'autant plus cruelle que des voitures laissées à Gravelotte pour emmener des blessés qui y étaient restés, avaient été chargées par les infirmiers et attendaient notre passage pour se joindre à nous. Au bout de cinq heures d'attente, un soldat du train vint pour savoir la cause de notre retard; mais quand il voulut repartir pour faire décharger les blessés, la sentinelle prussienne refusa de le laisser passer, et nous avons appris que l'on n'avait fait rentrer les blessés sous leurs abris que fort avant dans la soirée.

Vers neuf heures, au moment où nous nous couchions, une sentinelle prussienne armée pénétra dans notre tente et une patrouille fit le tour de notre campement.

Le lendemain, 21 août, les médecins prussiens prirent ceux de nos blessés qui étaient le moins grièvement atteints, au nombre de 150 et les firent conduire sous escorte à Gorze, dans leurs ambulances de deuxième ligne. Le médecin en chef et l'intendant obtinrent de nouveau un sauf-conduit pour rentrer à Metz, d'où ils nous envoyèrent le lendemain de nouvelles voitures.

A midi, un officier d'état-major vient nous annoncer qu'il doit nous conduire à Metz avec le reste de nos blessés. Il rédige et signe avec les trois chefs de service de l'ambulance une convention aux termes de laquelle il restitue à l'armée sous Metz un nombre de blessés, sous condition qu'un nombre égal de blessés allemands seront rendus aux avant-postes prussiens. Il était également convenu que les voitures de réquisition resteraient à Metz. Le reitmeister nous prévient en outre qu'il retiendra tous les vivres qui sont en notre possession et qui ne doivent pas rentrer dans une ville qu'on veut prendre par la famine. Nous quittons Vionville à quatre heures et demie du soir avec 211 blessés et accompagnés d'un officier, d'un porte-fanion et d'un trompette. Le convoi conduit par l'officier, suit la grand' route jusqu'à Gravelotte, mais là il est arrêté par un général qui donne l'ordre de prendre le chemin de Metz par Ars; nous suivons cette nouvelle route, étroite, difficile, à travers bois, au grand détriment de nos blessés que les cahots font beaucoup souffrir. Pendant ce voyage nous traversons plusieurs camps prussiens dans lesquels nous remarquons bon nombre de nos tentes prises à Forbach.

A sept heures du soir nous arrivons à Ars; l'officier qui nous conduit nous fait arrêter pour se rendre auprès du prince Frédérick-Charles, mais trouvant que nous pourrions gêner la circulation des troupes allemandes sur cette voie très-étroite, il fait ranger les voitures dans un champ bordant la route, sans avoir égard aux souffrances que vont endurer les blessés en traversant le fossé et cheminant sur le terrain inégal d'un champ labouré. Le mouvement s'opère néanmoins; au bout d'une heure l'officier revient à nous et s'adressant aux chefs de service les prévient qu'ils doivent modifier la convention signée au départ en indiquant que les voitures d'évacuation serviront à renvoyer les blessés allemands et resteront à l'armée assiégeante. Protestation du médecin, mais en vain, car on nous signifie qu'il faut adhérer ou rester là. La position était difficile ; il fallut en passer par les exigences prussiennes et renoncer aux voitures. On allégua que cette mesure n'avait pour but que l'intérêt des blessés, allemands bien entendu, en empêchant leur transbordement aux avant-postes. Nous repartons d'Ars à neuf heures du soir ; après quelques instants de voyage par les ténèbres les plus épaisses, nous trouvons la route encombrée, obstruée par des arbres renversés ; nous sommes obligés de voyager encore à travers champs et pour y arriver de descendre un talus rapide. Je laisse à penser l'extrême difficulté de cette opération et les souffrances qu'elle dut faire endurer à nos malheureux blessés dont les cris de douleur, dans le silence de la nuit, inspiraient un sentiment indéfinissable de tristesse et d'émotion. Tant bien que mal et plutôt mal que bien, le convoi approchait des avant-postes français ; l'officier allemand prétendit n'avoir pas qualité pour s'avancer davantage ; il fit sonner par son trompette l'approche d'un parlementaire, mais ne recevant pas de réponse, il nous laissa et partit.

Notre situation n'était pas très-rassurante : la nuit, en un endroit inconnu et sans possibilité de se faire reconnaître à distance. C'est alors que M. Baron.

notre aumônier, se proposa au médecin en chef pour aller aux avant-postes prévenir de notre arrivée. C'était un véritable acte de dévouement qui aurait pu devenir fatal à son auteur, mais heureusement, après des dangers courus, après des difficultés pour faire accepter la constatation de son identité, il put persuader qu'il était un messager dévoué, et nos blessés lui durent de rentrer sans encombre dans les lignes françaises.

Nous n'étions cependant pas encore à bout de peines, il fallait remonter du champ sur la route lorsqu'elle redeviendrait praticable ; le talus fort rapide ne put être gravi, il fallut à l'aide de pioches l'abattre en partie, et ce n'est encore qu'en excitant vigoureusement les chevaux et en imprimant aux voitures les secousses les plus violentes que l'on parvint à gagner le grand chemin. Cette ascension ne se fit pas sans renouveler toutes les souffrances des blessés, sans aggraver la position déjà si dangereuse d'un grand nombre d'entre eux dont les membres étaient fracturés ou amputés, car nous n'avions que des blessés très-gravement atteints, les Prussiens ayant eu la cruelle précaution de garder prisonniers ceux dont la guérison pouvait être prompte. Enfin à trois heures du matin les malheureux étaient à Metz, déposés dans l'ambulance de l'esplanade.

Les péripéties par lesquelles est passée cette ambulance sont particulièrement dramatiques, grâce à cette horrible rigueur que les Allemands apportaient en toutes choses et que nous avons voulu constater par le récit de cet épisode souvent renouvelé; mais nous retrouverons presque partout en campagne les mêmes incidents douloureux, les mêmes voyages à travers chemins défoncés, dans des chariots grossiers aiguisant par leurs secousses toutes les douleurs. C'est le côté horrible, mais inévitable de la guerre, dont il faudrait par tous les efforts possibles atténuer les fâcheux effets.

Pour la bataille de Saint-Privat, les ambulances divisionnaires avaient pris leurs emplacements dans les villages au commencement de l'action; mais presque toutes se sont trouvées, par le fait de l'extension du champ de bataille, sous le feu des projectiles ennemis; dans la vallée de Chatel-Saint-Germain, même, arrivèrent des obus quoique les ambulances se fussent portées à une distance qu'elles supposaient assez éloignée pour être à l'abri; moi-même je dus changer trois fois d'emplacement avec une ambulance du 6$^{me}$ corps et finalement la conduire à Saulny, à quatre kilomètres, avant de revenir à Saint-Privat où j'avais laissé deux ambulances. Celles-ci étaient encombrées de blessés, et quand le mouvement général de l'ennemi se porta sur notre extrême droite, ces ambulances furent exposées aux plus grands dangers : l'une fut incendiée par les obus prussiens; l'autre, établie dans l'église, fut menacée par l'effondrement d'une partie du toit. Enfin, quand la retraite fut rendue nécessaire, les ambulances virent s'éloigner notre dernière ligne, et elles restèrent aux mains de l'ennemi avec tout le personnel réglementaire, augmenté d'un certain nombre de médecins de régiment, et tout le matériel. Nous espérions que ces ambulances nous seraient rendues de suite, conformément aux prescriptions de la convention de Genève, mais il n'en fut rien. Nos médecins restèrent dix-huit jours à Saint-Privat avec leurs blessés, et quand ceux-ci furent conduits dans les établissements prussiens de deuxième ligne, les médecins furent autorisés à rentrer chez eux, mais il leur fut interdit de passer les lignes prussiennes pour rejoindre leur poste; quelques jours après la bataille, des médecins de la Société de Secours ayant voulu se rendre à Gravelotte pour y chercher des blessés furent éconduits aux premières lignes prussiennes et menacés d'être retenus prisonniers s'ils renouvelaient leur tentative. Nous avions toujours pensé que la convention internationale valait aux médecins la neutralité et les autorisait à chercher partout les blessés ; mais dans les circonstances où nous nous trouvions, par rapport à l'armée qui nous bloquait, nous comprenions qu'il était de l'intérêt de l'ennemi de ne nous permettre aucune communication avec lui. Si, conformément à la convention internationale, il est possible d'obtenir les échanges de blessés sur un champ de bataille, cette clause devient d'une réalisation plus difficile quand il s'agit d'un blocus, c'est pour cela que nos médecins, laissés à Saint-Privat, ont été rapatriés par la Belgique dix-huit ou vingt jours après la bataille, quand ceux qui se trouvaient à Vionville, après la bataille du 16, ont été rendus avec les blessés de suite et avant le commencement du blocus.

Dans ces deux journées, les ambulances avaient reçu plus de 15,000 blessés (chiffre officiel). On conçoit aisément combien il est difficile de réunir assez de moyens d'action en personnel surtout pour porter des secours partout où ils sont réclamés ;

les jours et les nuits sont employés, mais il est des bornes à la force physique, et les chirurgiens, obligés d'être toujours à genoux, courbés, pour examiner les blessés couchés sur le sol ne pourraient résister longtemps aux exigences d'un service aussi pénible que celui des ambulances aux jours de bataille, et cependant il leur faut une attention soutenue pour apprécier sainement ce qu'il est opportun de faire et la possibilité de pratiquer les opérations quelquefois délicates auxquelles ils sont conduits ; aussi l'habitude est-elle nécessaire, surtout aux armées, autant pour juger vite que pour exécuter dans des conditions toujours défectueuses d'installation et de commodité.

Le premier, le plus impérieux besoin d'un blessé c'est de boire ; tous, en arrivant à l'ambulance, demandent à boire, et partout autour de soi on n'entend que ces mots : « à boire ! à boire ! » Ce besoin est éprouvé autant par l'excitation du combat, par la fatigue et l'émotion, que par la blessure et la perte de sang qu'elle occasionne ; aussi pour cette raison autant que par la nécessité d'avoir de l'eau en abondance pour laver les blessures, place-t-on les ambulances dans le voisinage des puits, des sources, des pompes ou mieux des cours d'eau, et toujours on prépare en grande quantité de l'eau vineuse, de l'eau alcoolisée ou des tisanes fraîches de réglisse; mais des boissons chaudes et surtout des bouillons seraient bien préférables. J'ai toujours désiré pouvoir donner aux blessés, amenés aux ambulances, des cordiaux, des réconfortants, comme du vin chaud, du bouillon chaud. En faisant la part des difficultés qu'il y aurait à préparer ainsi des boissons réconfortantes en assez grande quantité, quand les blessés affluent, on peut cependant désirer une amélioration à cet égard dans le régime des ambulances, surtout aujourd'hui que l'industrie a perfectionné les conserves pour préparer instantanément des boissons bienfaisantes comme du bouillon. Les extraits de viande de Liebig, les tapioca Spont, et autres préparations utiles devraient faire partie de l'approvisionnement des ambulances.

Les moyens de transport pour les blessés du champ de bataille aux ambulances sont : les cacolets, siéges adaptés au bât d'un mulet; les litières, également portées par un mulet, et les voitures Masson. Depuis de longues années, en Afrique surtout, nous avons fait l'expérience de l'excellence de ces moyens; les cacolets et les litières sont, il est vrai, soumis à des secousses produites par le mulet, et souvent les douleurs du patient sont accrues par ces mouvements brusques; mais il est difficile de trouver un moyen plus commode et qui dépense un personnel aussi restreint. Un seul soldat du train des équipages conduit deux mulets de cacolets ou de litières, c'est donc un seul homme pour quatre blessés; la voiture Masson est conduite par un seul homme et porte deux blessés; c'est le moyen le plus commode, le plus parfait, et il faudrait l'augmenter dans de très-larges proportions. Dans les conditions actuelles, avec le nombre minime de ces voitures dont disposent les ambulances, nous les réservons aux grands blessés et aux officiers; mais il faudrait ne devoir pas faire de catégorie et employer pour tous les moyens les plus parfaits.

Malgré la perfection relative des voitures Masson, elles ont un inconvénient que nous avons tous signalé, mais auquel il serait probablement facile de remédier; ces voitures n'ont que deux roues et subissent toutes les secousses que le cheval leur imprime dans ses mouvements; s'il s'abat, les blessés sont heurtés, déplacés et il peut en résulter, outre une aggravation de douleur, un dérangement dans les fragments osseux, s'il s'agit d'une fracture et quelquefois une lésion nouvelle produite par les esquilles. Les voitures à quatre roues donneraient plus de sécurité aux blessés; mais elles sont moins mobiles et moins maniables dans les terrains accidentés, aussi pourrait-on conserver les voitures à deux roues qui existent pour transporter les blessés de la ligne de bataille à la première ambulance et avoir à la réserve des voitures à quatre roues sur le modèle des voitures Masson, pour les évacuations sur les hôpitaux temporaires.

Nos moyens de transport ont été insuffisants pendant toute la durée de la campagne; les mulets de cacolets affectés aux ambulances divisionnaires étaient de 15, ceux de litières 5 et les voitures Masson de 6 à 10 seulement. Cette insuffisance se faisait également sentir dans les réserves, aussi a-t-on toujours été obligé de recourir aux voitures réquisitionnées sur place, ou aux voitures du convoi, véhicules du pays grossièrement faits, non suspendus, au fond desquels on étalait un lit de paille pour y coucher le plus possible de blessés; dans cette situation, les malheureux mutilés avaient horriblement à souffrir de la mauvaise position et des cahots incessants. Dans ce temps où tout est perfectionné, où tout ce qui a trait au bien-être a été poussé à sa dernière limite, nous n'avons encore, pour les victimes de la guerre, que les moyens élémentaires dont on usait autrefois et dont les puissances étrangères ont cessé depuis longtemps de se servir ; aussi appelons-nous de tous nos vœux la création d'un train spécial des ambulances composé de voitures où les blessés trouveront commodité et sécurité.

J'ai entendu parler au commencement de la campagne de voitures d'ambulance; espèces d'omnibus incommodes où les blessés pouvaient être assis au nombre de 12, ou 3 seulement couchés; mais ces voitures étaient fort peu nombreuses, le corps d'armée auquel j'appartenais n'en a jamais reçu et je crois que ces voitures n'ont pas servi à l'usage auquel elles étaient destinées.

Quoi qu'il en soit des inconvénients qu'ils offrent, les cacolets, les litières sont des moyens de transport qui permettent d'agir activement et même sûrement avec quelques précautions. Dans toutes les batailles des campagnes précédentes, où nous n'avions pas un aussi grand nombre de blessés que dans celle-ci, nous avons toujours pu agir vite, et quand nous avons eu à côté de nous une armée amie, comme en Crimée, nous avons constaté avec plaisir la supériorité de nos moyens. Après la bataille de l'Alma, nos blessés ont été relevés dans la nuit même, le deuxième jour après la bataille, les Anglais n'avaient pas encore relevé les leurs et ils eurent recours à nos moyens pour terminer promptement cette importante besogne. Les Anglais n'avaient, à ce moment, pour outillage d'ambulance destiné au transport des blessés, que des brancards portés par les musiciens dont l'inexpérience, en pareille circonstance, ne permettait qu'une action lente et imparfaite ; aussi l'administration anglaise, frappée de la commodité de nos cacolets et litières, fit-elle établir de suite en Espagne des moyens de transport pareils, qui ne tardèrent pas à arriver à l'armée avec des conducteurs Espagnols. Néanmoins les voitures Masson restent toujours, pour le moment, le moyen de transport le meilleur.

On a fait dans les combats autour de Paris, l'expérience des brancards, et on a constaté les services qu'ont rendus comme brancardiers les frères de la Doctrine chrétienne. Cette expérience a été jugée favorable, il ne peut, en effet, y avoir de moyen plus facile, plus commode que celui du brancard pour transporter les blessés du champ de bataille aux ambulances; mais pour en user il faut des brancardiers. A l'armée du Rhin nous avions un certain nombre de brancards par division d'ambulance, mais personne pour les porter et je ne sache pas que nos brancards aient servi autrement que pour coucher les blessés à l'ambulance ou pour faire porter exceptionnellement quelques officiers par des soldats détachés des compagnies; nous avions fort peu d'infirmiers, quelques ambulances en avaient une dizaine, les plus favorisées en avaient le double, quand, pour le service intérieur d'une ambulance, 50 ne serait pas un nombre exagéré; nous employions, pour suppléer à cette insuffisance, les musiciens, mais ceux-ci, par défaut d'habitude, par répugnance, rendaient de très-mauvais services, et les médecins étaient obligés de tout faire par eux-mêmes et de perdre ainsi beaucoup de temps dans des détails qui auraient pu incomber à des personnes étrangères à la médecine. Des compagnies nombreuses d'infirmiers, de brancardiers familiarisés avec toutes les exigences délicates du service des ambulances sur le champ de bataille rendraient à l'armée les plus grands services et nous avons tous déploré le manque de ces moyens d'action si indispensables. Nous avions cependant l'expérience des faits passés, et l'on peut même dire qu'avant toute autre, l'armée française avait été admirablement pourvue de tous les moyens de secours aux blessés; mais par des innovations successives, par de prétendus perfectionnements, nous avons abandonné nos bonnes traditions que les nations voisines, même la Prusse, nous ont prises et dont elles se servent aujourd'hui avec avantage, car le système des ambulances prussiennes est une extension de celui qui était en pratique dans l'armée française durant les dernières années du premier empire. Les brancardiers mêmes dont on parle comme d'une invention moderne, remontent à Percy qui a fait connaître tous les services qu'on pouvait en attendre et insisté sur l'aptitude nécessaire pour ces fonctions : « On a besoin, dit-il, d'une certaine habitude pour remuer un blessé, pour le charger sur un brancard et pour le transporter. C'est moins par la force que par l'adresse qu'on y réussit et celle-ci ne s'acquiert que par l'exercice. Des porteurs de brancards, marchant à pas inégaux, secouent douloureusement le blessé; l'usage seul donne cet ensemble et cette mollesse de mouvement sans lesquels le transport devient un supplice; qu'on se figure un blessé étendu par terre, ayant une cuisse brisée, ou une jambe emportée, et c'est dans ces cas surtout, que des porteurs adroits sont nécessaires; s'il est relevé par des hommes sans expérience qui ne sauront pas soutenir en même temps le membre; si ces hommes le jettent brusquement sur le brancard, au lieu de l'y déposer avec douceur; si chacun confusément veut concourir à ce triste service, quelles secousses, quels déchirements l'infortuné n'éprouve-t-il pas?

« On ne saurait trop le répéter, le premier secours et la première consolation que doit recevoir un blessé, c'est d'être enlevé promptement et commodément, ce qui ne pourra s'effectuer qu'autant qu'il y aura derrière lui de bons brancards pour le recevoir et des hommes exercés pour le porter. [1] »

Ce sont donc des hommes intelligents, habitués à ce service, qu'il faut employer, et non les musiciens ou des infirmiers auxiliaires pris dans les régiments; on ne peut attendre de ceux-ci que de mauvais services, et comme ils comptent à l'effectif des ambulances, celles-ci ont l'air d'être organisées en personnel quand elles ne le sont pas.

La nécessité d'avoir un service d'ambulance organisé de telle sorte que les blessés soient promptement enlevés du champ de bataille n'est pas seu-

1. Cette organisation des brancardiers était adoptée par un décret impérial de décembre 1813.

lement établie par l'impérieux devoir de donner au plus vite une consolation aux malheureux, elle est surtout établie par une raison de conservation, une raison de salut souvent. Bien des blessés succombent parce qu'on n'a pas pu les soigner au moment opportun : une opération commandée, qui aurait été simple peu de temps après la blessure, devient d'une gravité compromettante pour la vie le lendemain et surtout le surlendemain ; aussi quand par le fait des défectuosités dans les moyens d'action ou par leur petit nombre on est forcé d'agir lentement, quand l'enlèvement des blessés ne peut pas être opéré dans la journée même, on est exposé à voir se multiplier les chances défavorables dans les opérations. L'expérience nous apprend que les opérations immédiates sont les plus favorables ; celles qui sont pratiquées quelques jours après la blessure, quand la fièvre est allumée et le travail de suppuration commencé, sont rarement suivies de succès ; on est conduit alors à attendre que l'inflammation soit éteinte, que les forces du blessé soient épuisées ; mais durant cette longue période sa vie est sans cesse menacée, et s'il succombe, on est presque en droit de mettre une victime de plus sur le compte de l'insuffisance de l'organisation des secours. La raison humanitaire commanderait donc même l'excès dans les moyens de recueillir et de secourir vite les blessés.

Dans les guerres du premier empire, il existait des ambulances *volantes* créées par Larrey. Ces ambulances comprenaient quelques voitures légères sur lesquelles les chirurgiens prenaient place et se portaient rapidement derrière les lignes de bataille; là, étaient faits les premiers pansements toujours imparfaits, mais utiles cependant quelquefois pour arrêter une hémorragie qui aurait pu devenir mortelle, pour redresser un membre brisé et le maintenir au moyen d'attelles, afin d'éviter le déplacement des fragments pendant le trajet; mais l'action du chirurgien en dehors de ces cas qui exigeaient son intervention immédiate, était surtout morale. Aujourd'hui ces ambulances légères n'existent plus, les médecins des régiments restent avec leur troupe au combat, s'abritent autant que possible dans une maison isolée, derrière un pli de terrain, toujours à portée du régiment et dans un endroit désigné; mais la mission du médecin de régiment ne peut pas être aussi complète qu'il le faudrait, il est seul avec son porte-sac et à eux deux ils ne peuvent pas relever les blessés; ce sont les soldats qui remplissent cette besogne et souvent, pour ne pas dire toujours, ils profitent de cette occasion pour quitter leur poste. La position du médecin de régiment derrière son bataillon n'est pas sans danger et il faudrait au moins, pour justifier sa présence, qu'il pût y rendre de véritables services, ce qui n'arrive que rarement; son action est surtout morale, car un blessé est déjà rassuré quand on lui applique un premier pansement ; mais pour ce but, les médecins de régiment n'ont pas besoin d'être tous sur la ligne de bataille, la moitié pourrait y rester, les autres constitueraient par brigade une première petite ambulance assez éloignée du champ de bataille pour être en sécurité et sur laquelle seraient dirigés, portés sur un brancard, les hommes qui auraient besoin de soins immédiats. Dans les cas de fracture, c'est là que seraient appliqués les premiers moyens contentifs avant d'envoyer le blessé à l'ambulance divisionnaire.

A l'armée du Rhin, les ambulances divisionnaires étaient organisées par division d'infanterie et de cavalerie. Quoique insuffisamment pourvues de personnel, elles ont pu faire le nécessaire, et ce n'est pas cette partie du service qui a laissé à désirer, mais à l'égard de ces ambulances il est, avant tout, une remarque à faire : la place d'une ambulance divisionnaire devrait être toujours dans le voisinage de sa division ; mais il ne lui est pas possible de garder cette position ; par le fait du déplacement des troupes durant la bataille, les divisions changent, et les ambulances avec leur matériel restent forcément dans le lieu où elles se sont primitivement établies et sont quelquefois fort éloignées de leurs divisions ; elles perdent alors leur destination et ne sont plus qu'une unité qui fonctionne pour tous. Aussi avons-nous souvent pensé que, comme cela se pratiquait sous le premier empire, il serait préférable qu'il y eût, par corps d'armée, une seule ambulance, fortement constituée, au quartier général, avec un personnel suffisant pour que le médecin en chef pût envoyer, partout où besoin est, un des groupes constitués d'avance en personnel et matériel qui serait même renforcé, selon les besoins, avec le personnel resté dans la main du chef. Le quartier général du corps d'armée serait toujours le centre de ralliement, et on éviterait des erreurs comme celles où sont tombées quelques ambulances en cherchant leurs divisions après la bataille de Rézonville.

Nos caissons d'ambulance ont toujours été abondamment pourvus pendant les batailles. Chaque caisson contient 2,000 pansements complets outre les instruments de chirurgie et tous les ustensiles nécessaires ; mais ces richesses sont entassées dans des paniers incommodes à manier ; ceux-ci se casent l'un à côté de l'autre, et il faut une grande précision pour arranger le chargement ; dans un moment de presse, comme cela est arrivé, on éprouve de grandes difficultés à remettre chaque chose à sa place, et l'expérience a suffisamment démontré qu'il est urgent de modifier la disposition des caissons pour les rendre d'un usage plus facile. On a voulu, pour la régularité des voitures des équipages, les faire toutes sur le même modèle, quelle que soit leur destination ; il aurait, ce nous semble, mieux valu approprier celles des ambulances à l'usage particulier auquel elles sont affectées ; les faire légères et agencées, de façon à rendre leur chargement et leur déchargement faciles.

Presque toutes les ambulances divisionnaires avaient deux caissons de chirurgie et un de pharmacie ; en tout quatre mille pansements, et des médicaments plus que suffisants pour une campagne, avec la faculté de renouveler les approvisionnements dans les caissons laissés en réserve à l'ambulance du quartier général. Celle-ci avait, à cet effet, trois et quatre caissons d'ambulance. Nous avions en outre es cantines médicales portées à dos de cheval ou de mulet et destinées surtout aux régiments. Elles renferment deux cents pansements et les médicaments de première nécessité; ces cantines forment la réserve du régiment. Au moment de l'action, le médecin est accompagné d'un soldat porteur d'un sac dans lequel se trouve tout ce qui est nécessaire pour une trentaine de pansements et rien de plus, aussi, quelles que soient l'activité et la volonté du médecin de régiment, il est souvent paralysé dans son action parce qu'il ne peut pas faire enlever les hommes du champ de bataille sans avoir recours aux combattants eux-mêmes ; c'est près de lui que devraient se trouver les brancardiers et toujours en nombre suffisant pour tous les besoins : chaque compagnie pourrait, en effet, avoir ses brancardiers spécialement chargés de ce service pendant le combat; ils ne dépasseraient pas la dernière ligne des combattants où les brancardiers infirmiers prendraient le blessé pour le conduire aux ambulances dont l'emplacement leur serait connu. Cette organisation ferait cesser la perte énorme de combattants qui se produit dans chaque affaire, en enlevant aux militaires l'occasion d'accompagner à l'ambulance un camarade blessé. Notre armée est la seule dans laquelle subsiste encore cette cause de désertion facile du devoir déguisée sous les apparences d'un service rendu, et nous en avons tous trop constaté les abus pour qu'il ne soit pas apporté un empêchement absolu au retour, de pareilles fautes.

Pour augmenter les réserves en objets de pansements, les armées du Nord ont adopté une très-bonne mesure, elle consiste à donner à chaque homme une compresse, une bande et de la charpie, ce qui est nécessaire pour un premier pansement simple. En Crimée, chaque soldat russe, amené dans nos ambulances, avait ces petits objets de pansement; les Prussiens en étaient également porteurs.

Dans nos hôpitaux ou ambulances organisés, quand une évacuation de malades ou blessés est nécessaire, le règlement prescrit de dresser des listes d'évacuation relatant, outre le nom de chaque homme et sa provenance, le traitement qui a été suivi et les résultats obtenus; par extension de cette sage mesure, il serait utile de faire adopter, dans chaque ambulance en campagne, la règle de remettre à chaque blessé déjà examiné le résultat de l'examen inscrit sur une fiche individuelle et relatant, autant que possible, les détails et la gravité de la blessure, l'extraction de balle ou d'esquilles, etc., cette précaution devant avoir pour résultat d'éviter un nouvel examen dans le lieu où serait ultérieurement évacué le blessé. Au point de vue scientifique, cette mesure aurait l'avantage de pouvoir établir l'historique de chaque blessure et pourrait même servir très-avantageusement les intérêts du blessé en renseignant sur l'ensemble des faits qui se sont produits depuis l'accident.

Nous avons dit déjà que la société internationale de secours aux blessés a rendu de bons services à l'armée, pendant la campagne, en recueillant les blessés, laissés après notre départ sur le champ de bataille de Borny et dans les ambulances allemandes; en nous aidant de ses moyens de transport après Rézonville ainsi que dans d'autres circonstances et même pendant le blocus de Metz, où M. le docteur Le Fort dirigeait une ambulance avec l'aide de médecins distingués. Bon nombre de médecins volontaires, en dehors de l'association internationale, sont venus aussi porter à l'armée leur concours et leur talent; mais, tout en reconnaissant le but honorable que poursuivaient nos confrères et les louables efforts qu'ils faisaient pour l'atteindre, qu'il nous soit permis de faire quelques réflexions, non sur l'institution de la société de secours aux blessés dont le but est tout ce qu'il y a de plus noble, de plus élevé, de plus humain, mais sur le fonctionnement de ses ambulances, sur les difficultés qu'elles peuvent rencontrer et sur les inconvénients auxquels elles peuvent donner lieu.

Dans une armée organisée, il ne peut y avoir de place pour une institution qui fonctionne en dehors du commandement; tout le monde doit être soumis à une règle, à une autorité, les membres d'une société de bienfaisance comme les autres, car tout ce qui échappe à l'autorité est un embarras et peut devenir un danger. La présence dans une armée de toute personne qui n'y a pas un caractère officiel peut faire craindre un abus et, sous le couvert des insignes de la société de secours, il a dû se produire, à l'armée du Rhin, bien des actes qui ont pu lui être préjudiciables : le brassard était porté par qui voulait le prendre; aucun contrôle n'était exercé, puisqu'il n'y avait aucune autorité responsable, et qui sait s'il n'a pas servi souvent à favoriser l'espionnage que les Allemands savent si bien mettre en œuvre? Cette considération a une très-grande importance qu'on ne peut contester, et je sais que les médecins de la société de secours, eux-mêmes, déploraient cet abus du brassard. Les médecins militaires qui n'étaient pas habitués à cet insigne de protection, ne l'acceptaient qu'avec répugnance et s'en paraient peu; mais des femmes, des enfants, des personnes qui n'auraient été tolérées dans nos camps en aucun temps, s'y promenaient, ornés de brassards et y excitaient plutôt la sympathie que la défiance. Cet abus fut poussé si loin, qu'il motiva des ordres pour que tous les brassards fussent estampillés par l'intendance ; mais alors on tomba dans un autre abus : les soldats du train, les convoyeurs, les ordonnances portèrent des brassards et plusieurs fois, dans des échanges de prisonniers blessés, les Prussiens nous signifièrent qu'ils cesseraient d'accorder immunité aux porteurs de brassards si on en continuait un pareil abus. Il est vrai que nous aurions pu leur adresser le même reproche, car ils n'étaient pas très-scrupuleux à cet égard et avec connaissance de cause, tandis que nous péchions plutôt par ignorance des conditions de la convention de Genève. En effet, peu de personnes dans l'armée savaient à qui s'adressaient les immunités accordées par la convention de Genève, encore moins comment elle était interprétée par l'armée allemande; celle-ci étend la protection à un nombre si considérable de personnes que l'on a peine à croire qu'il ne soit pas exagéré. Par corps d'armée de deux divisions, d'après les indications du règlement prussien sur le service en campagne (29 août 1869), il n'y a pas moins de deux mille quatre cents personnes *militaires*[1] qui doivent porter le brassard institué par la convention de Genève, et dans ce chiffre ne sont pas compris les volontaires civils qui forment le personnel des sociétés de secours aux blessés et qui portent aussi le brassard. Nous étions bien loin d'atteindre ce chiffre, et nous nous montrions scrupuleux à l'endroit de l'exagéra-

1. Voici le détail des 2,400 personnes *militaires* neutralisées.

| | |
|---|---|
| 1° Le personnel médical dirigeant, c'est-à-dire le médecin général, les deux médecins divisionnaires, le directeur des lazarets de campagne et le personnel attaché à leur service particulier................ | 17 |
| 2° Les trois détachements sanitaires (brancardiers, etc.) composés chacun de 206 individus (1 à chaque division, 1 à l'artillerie de réserve)...... .. ....... | 618 |
| 3° Les 12 lazarets (ambulances) attachés à chaque corps d'armée et comptant chacun 56 individus........ | 672 |
| 4° Le personnel de réserve........................ | 107 |
| 5° Le personnel employé au dépôt de réserve du matériel........................................ | 10 |
| 6° Les médecins des troupes...................... | 90 |
| 7° Leurs soldats ordonnances..................... | 90 |
| *A reporter.* ........ | 1,604 |

tion qui pouvait se produire ; mais, quel que soit le chiffre des ayants droit, il n'y avait pas moins des abus, et ces abus étaient plus grands encore, pour ce qui regarde la protection accordée aux maisons où sont reçus les blessés ; le drapeau blanc à croix rouge a souvent été exploité par les propriétaires plutôt à leur seul profit qu'à celui des blessés, parce que personne ne surveillait l'exécution des clauses de la convention : celle-ci exige, pour accorder sa protection, au moins vingt lits et une installation hygiénique et médicale, soumise d'abord à l'examen d'une commission, et jamais nous n'avons eu recours à ces précautions. A Metz, il est vrai, ce n'était pas nécessaire ; chaque famille a largement

| | |
|---|---|
| *Report*........ | 1,604 |
| 8° Leurs porte-sacs de pansement.................. | 90 |
| 9° Les aides de lazaret (infirmiers panseurs) attachés aux corps de troupe, à raison de 1 par compagnie, escadron ou batterie.......................... | 140 |
| 10° Les brancardiers auxiliaires des corps de troupe, 4 par compagnie............................. | 500 |
| 11° Les conducteurs des voitures sanitaires régimentaires (chaque bataillon possède un caisson sanitaire attelé de deux chevaux)...................... | 60 |
| 12° Enfin dans chaque corps d'armée on compte au moins un chirurgien consultant auquel est adjoint un personnel de service et 5 individus.......... | 6 |
| | 2,400 |

contribué au soulagement des victimes de la guerre; un dévouement réel et effectif est venu aplanir bien des difficultés et on y voyait peu le drapeau de la société; tandis que dans beaucoup de localités où la guerre a été portée et où l'on a eu à craindre l'arrivée de l'ennemi, le drapeau se déployait aux fenêtres de presque toutes les maisons, sur la seule déclaration qu'on y avait préparé deux ou trois lits pour les blessés.

Mais ce côté de la question ne serait pas le seul à examiner; il faudrait encore, au point de vue du but proposé s'assurer que tous les services que l'on était en droit d'attendre d'hommes instruits, dévoués ont pu être rendus, et si la somme de secours apportée a été en rapport avec les moyens. Je ne le crois pas, par cette seule raison que les ambulances de la société de secours manquaient de direction, et que, n'ayant pas leur place marquée à l'armée, elles ne pouvaient pas la suivre dans ses mouvements et se trouver en position utile les jours de bataille. Il n'en serait pas ainsi si ces ambulances, et les médecins volontaires qui viennent de leur personne, sans attache directe aux sociétés de secours, relevaient du commandement, sous la direction générale du médecin en chef de l'armée;

elles auraient alors leur rôle tracé, leur place indiquée, et seraient d'une incontestable utilité ; faute de ces dispositions indispensables, beaucoup d'efforts ont certainement été stérilisés, et partout j'ai entendu des hommes consciencieux, animés de la meilleure volonté, exprimer leurs regrets d'un état de choses qui était si loin de leurs aspirations.

Sans entrer dans de grands développements à ce sujet, nous pouvons cependant dire que, dans notre appréciation, il sera toujours nécessaire de laisser à la médecine militaire, réorganisée sur des bases convenables, le principal rôle dans le service sanitaire de l'armée aux jours de combats, et que l'on pourra confier les hôpitaux de deuxième ligne aux soins de médecins de la société de secours. Il n'est pas indifférent, en effet, pour le bien du service, de n'être ou de n'être pas habitué au contact du soldat, d'être familiarisé comme lui avec les habitudes d'ordre, de discipline et de subordination, d'avoir vécu de sa vie et d'en être connu ; ce qui est facile pour le médecin militaire deviendrait difficile pour un médecin civil, appelé, par circonstance, à de nouvelles fonctions ; dans un hôpital, au contraire, il se trouverait sur son terrain, plus libre de ses actions, et n'éprouverait pas autant les inconvénients de la vie militaire dans les circonstances qu'amènent les diverses situations de la guerre.

Cette appréciation générale que nous exprimons avec la réserve qu'elle comporte, nous avons la satisfaction de la trouver même dans les écrits des médecins éminents de la société de secours ; nous n'avons donc aucun scrupule à la produire : M. le docteur Le Fort, dans un remarquable article inséré dans la *Revue des Deux-Mondes*, résume ainsi sa pensée sur l'action des ambulances civiles à l'armée : « L'expérience qui vient d'être faite a été pour la société internationale un échec complet... La guerre de 1870 a montré surabondamment que la Société internationale a le tort de détourner de la chirurgie militaire, pour les employer elle-même, des médecins civils prêts à entrer temporairement dans les rangs de l'armée pour se dévouer au salut de nos blessés, de stériliser en partie des efforts individuels qui, sous la direction immédiate des chirurgiens militaires, eussent été bien autrement utilisés. » M. Le Fort est très-précis dans son opinion, comme on le voit, et elle est basée sur son expérience personnelle. Plusieurs fois il s'exprime de la même façon : « Le service médical de l'armée, dit-il encore, doit être centralisé entre les mains du médecin en chef, et le médecin civil qui, par dévouement au pays et non pour faire un intéressant voyage ou pour obtenir une distinction honorifique, offre volontairement ses services doit être à la disposition entière du médecin en chef de l'armée. » M. le docteur Lucas Championnière, chirurgien de la 5me ambulance, est tout à fait d'avis qu'il n'y a plus lieu d'employer les ambulances civiles à l'armée ; « Nous croyons, dit-il, que les ambulances civiles du champ de bataille ont joué leur rôle, et que ce rôle est terminé. »

Ce n'est pas sans raison que l'on dit qu'à la guerre tout s'enchaîne ; on peut, en effet, trouver des indications dans les faits qui paraissent devoir en fournir le moins ; ainsi la nature des blessures dans nos ambulances nous éclairait sur la valeur de notre tactique. Nous avions deux tiers de blessés par éclats d'obus, nous pouvions en tirer la conséquence que nos soldats étaient trop rapprochés les uns des autres dans le champ de tir des batteries ennemies. Nous suivions, au début de cette guerre, notre ancienne tactique qui consiste à avoir une ligne de tirailleurs, des batteries, et, derrière celles-ci, des réserves d'infanterie autant pour protéger les batteries elles-mêmes que pour renforcer, au besoin, les lignes de tirailleurs, ou pour opérer un mouvement en avant. Mais, dans une guerre où l'artillerie joue le plus grand rôle, les choses ne peuvent plus se passer ainsi : l'action s'engageant à une grande distance, nos batteries ont moins à redouter une attaque imprévue et rapide ; et comme elles deviennent toujours l'objectif des batteries ennemies, les réserves d'infanterie, placées derrière nos pièces, sont fort maltraitées par les projectiles. C'est, en effet, ce qui est arrivé dans nos premières batailles ; et en interrogeant les blessés sur la position qu'ils occupaient ils répondaient invariablement : « Mon bataillon était derrière la batterie. » Cela seul suffisait pour faire adopter une tactique nouvelle et c'est ce qui fut fait. Les tirailleurs espacés les uns des autres sont dans les meilleures conditions pour échapper aux coups ; on ne tire pas le canon sur un homme isolé ; plus il s'approche d'une batterie ennemie, moins il a de chance d'être atteint et plus il en a de jeter du trouble dans le service des pièces en démontant les servants. Le 1er septembre, à la bataille de Sainte-Barbe, deux obus tombèrent successivement au milieu d'un bataillon couché à plat ventre derrière une batterie et firent dix-huit victimes, tandis que de nombreux tirailleurs très-rapprochés des batteries prussiennes, à qui ils faisaient beaucoup de mal, n'eurent que quelques blessés. La considération de la nature des blessures doit donc conduire à faire rejeter l'immobilisation des troupes d'infanterie derrière les batteries et à lui préférer le mouvement en avant qui a pour effet immédiat de déranger à chaque instant le tir de l'ennemi et de nous permettre, au moment opportun, une de ces attaques brusques qui nous sont familières et favorables au succès.

Nous avons encore été frappé de la nature des projectiles extraits des plaies; le plus grand nombre consistait en des morceaux de plomb, contournés, déformés, déchirés, très-anguleux, qui ont donné lieu à diverses interprétations et ont même été attribués à la fusion. Nous ne nous rendions pas bien compte d'abord de ce que nous considérions comme de la mitraille; mais la présence de ces masses de plomb nous fut expliquée par l'examen des projectiles. Les obus prussiens sont complétement enveloppés de plomb dans leur partie cylindrique, il en résulte, au moment de l'explosion, une séparation entre les éclats de fer et de plomb, et celui-ci se divisant, se déchirant plus facilement que le fer, les morceaux sont plus nombreux ; aussi en rencontrions-nous beaucoup plus que de fer. Nos obus n'offrent pas le même avantage avec leurs simples petits disques de plomb qui parcourent les rainures du canon. Je ne sais si l'on a jamais pu constater comparativement le nombre moyen d'éclats des obus français et prussiens d'égale dimension, mais, à priori, il semble que celui qui est constitué par deux métaux de densité et de ductilité différentes doit en fournir un plus grand nombre, et comme malheureusement à la guerre on n'a en vue que la multiplicité des moyens de destruction, il est bon de ne rien négliger à cet effet.

Après la rentrée de l'armée sous les murs de Metz, le rôle des ambulances sur le champ de bataille était à peu près terminé; mais il fallait soigner les nombreux blessés qui avaient été amenés dans la ville : un ordre prescrivit alors d'envoyer à Metz tous les médecins et de ne conserver qu'une ambulance par corps d'armée. Ce n'était pas trop de toutes les ressources pour pourvoir aux nombreux besoins que faisait naître la présence d'une si grande agglomération de blessés dans la ville. Il ne restait donc dans les camps que les médecins de régiments qui organisèrent dans le voisinage de leur bivouac des infirmeries régimentaires pour le traitement des affections légères, et l'ambulance du quartier général de chaque corps d'armée qui établit sous des tentes ou dans des maisons spacieuses un service régulier, il en est qui eurent en traitement jusqu'à six cents malades, pour diminuer autant que possible l'accumulation dans la ville. L'administration fit acheter des paillasses, des oreillers et les ustensiles les plus indispensables pour une organisation de campagne. Ces ambulances furent très-utiles, malgré leur défectueuse installation, et elles ne furent jamais aussi remplies qu'on aurait pu le penser. Nous étions en présence de causes physiques et morales qui pouvaient faire craindre l'explosion de certaines maladies nées de l'agglomération dans des espaces rétrécis, et nous étions en droit de les redouter, nous rappelant encore les terribles et funestes résultats de la prolongation de notre séjour sur le plateau de la Crimée ; mais heureusement nos craintes ne furent pas justifiées ; nous n'eûmes qu'un nombre relativement minime de malades, et beaucoup l'étaient par imprudence en abusant, avant leur maturité, des fruits qui abondaient dans les jardins au milieu desquels nous étions campés.

Les modifications dans la qualité et dans la quantité des aliments exercèrent même peu d'influence sur la santé des hommes, et il est remarquable que l'état sanitaire se soit maintenu aussi bon avec l'usage d'aliments de médiocre qualité dont on ne pouvait même pas relever le goût avec les condiments les plus vulgaires.

Le pain a longtemps été de bonne qualité, fait avec de bonnes farines, mais un peu fade parce qu'il manquait de sel ; vers la fin du blocus seulement on mélangea à la farine le blé concassé et d'autres matières qui altérèrent la qualité du pain et le rendirent d'une digestion plus difficile. La quantité a dû en être successivement réduite : de 750 grammes elle a été portée à 500, puis à 300; cette limite ayant été considérée comme extrême, pour ne pas provoquer les maladies qui peuvent naître de l'insuffisance.

Pour éviter toute déperdition de matière par la mouture, fort difficile du reste, et le blutage, on a imaginé de soumettre le blé à une sorte de macération dans l'eau et à le concasser ensuite pour faire le pain ; mais on ne tarda pas à se convaincre que cette opération n'était pas praticable. Soumis à la cuisson, ce pain se désagrégeait et tombait en miettes; il fallut y ajouter un tiers de farine pour obtenir une agglomération imparfaite. Ce pain était fort mauvais au goût, d'une digestion difficile; il provoquait des flux intestinaux, et on ne tarda pas à renoncer à son usage.

La viande de cheval a fait exclusivement, pendant deux mois, les frais de l'alimentation de l'armée. Une fois la première répugnance vaincue, les hommes mangeaient cette viande comme celle du bœuf, et ils étaient arrivés, par des préparations particulières, à la rendre même agréable. Le bouillon, qu'ils trouvaient amer les premiers jours, perdait ce goût désagréable quand on jetait l'eau de la première ébullition et qu'on la remplaçait par une autre quantité destinée à faire la soupe. Assaisonnée en ragoût avec quelques pommes de terre, que l'on trouvait encore à force de recherches, cette viande donnait un mets, sinon excellent, au moins réconfortant. Malheureusement nos chevaux, qui mouraient d'inanition, n'avaient plus de chair, et ce n'était que dans la quantité que l'on trouvait les éléments d'une réparation suffisante; aussi la viande a-t-elle toujours été augmentée en raison de la diminution du pain et portée à 750 grammes quand le pain était à 300 grammes. Du reste, la viande de cheval possède toutes les qualités nourrissantes de celle du bœuf; elle n'est certainement pas d'aussi bon goût, mais une prévention peu justifiée la fait seule rejeter de l'alimentation.

Le vin, l'eau-de-vie ont toujours pu être distribués dans une certaine mesure; mais la spéculation en a souvent altéré les qualités dans les cantines où se rendaient les hommes, et maintes fois nous avons constaté des indispositions dues à leur usage.

La plus grande privation était celle du sel. Rien n'est bon, rien n'est sapide sans cet assaisonnement, et cette privation s'est fait sentir presque au commencement du blocus. Ce n'est pas seulement le goût des aliments qui est modifié par la privation du sel, les fonctions digestives sont elles-mêmes perverties et de beaucoup diminuées; et il peut en résulter des états morbides comme la chlorose, l'anémie, la pâleur, l'œdème dus à un défaut de réparation suffisante. Un aliment privé de sel est lourd à l'estomac, se digère péniblement, fournit moins de principes nutritifs et par suite plus de résidu dont l'excès fatigue l'intestin.

Les maladies les plus communes étaient les affections des voies digestives sous différentes formes, mais presque toujours bénignes. Les états typhoïdes ont eu, un moment, une prédominance marquée, mais ne se sont pas étendus dans les camps au delà des limites où ils se manifestent ordinairement dans les grands rassemblements; c'est cependant la maladie qui a fait le plus de victimes. Nous avons tous remarqué la tendance des flux intestinaux à diminuer sous l'influence d'une nourriture animale plus copieuse : quand la quantité de viande de cheval a été portée à 750 grammes par homme, nous avons constaté un moins grand nombre de ces diarrhées séreuses entretenues par l'humidité, le refroidissement de la température, surtout la nuit, et l'abus des fruits, et nous avons attribué ces modifications à la chaleur animale plus grande développée par l'usage d'une alimentation plus réparatrice qui stimulait davantage les fonctions intestinales. Nous étions fondé dans cette opinion par les faits dont nous avons été témoin en Crimée : quand notre armée était ravagée par les maladies provenant de la débilitation, l'armée anglaise, qui était plus substantiellement nourrie, surtout en viande, jouissait d'un état sanitaire parfait. Bien des faits de ce genre nous fortifient du reste, dans la persuasion qu'en campagne la nourriture du soldat doit, autant que possible, être substantielle et réparatrice.

Le plus grand ennemi de l'état sanitaire résidait dans les variations atmosphériques, dans l'humidité dont les hommes étaient imprégnés. A peine nos bivouacs se séchaient-ils à la surface que de nouvelles pluies les transformaient en lacs, et nos soldats passaient leur vie dans des vêtements humides ou couchés sur un sol détrempé. Toutes les précautions étaient prises pour éviter, autant que possible, les effets de cette situation : chaque jour de soleil les petites tentes étaient enlevées, les couvertures battues; des rigoles facilitaient l'écoulement des eaux et les plus grands soins de propreté, aussi bien dans les camps que chez les hommes, étaient recommandés et surveillés. C'est à ces sages précautions que nous avons dû de ne pas voir s'accroître le nombre des malades qui a toujours été inférieur à nos prévisions. Le 6e corps, dont je puis particulièrement citer les chiffres, a toujours été dans une situation sanitaire satisfaisante; la moyenne de ses malades à l'infirmerie régimentaire ou sous la tente a été dans chaque décade de 1 sur 34 ou 35 de l'effectif total. Ainsi, du 20 au 30 septembre, l'effectif du corps étant de : officiers 1,145, troupe 26,078, nous avions : officiers malades, 19 ou 1 sur 60 ; troupe, malades, 759 ou 1 sur 34,30.

Du 10 au 20 octobre nous avions 1 malade sur 53 dans l'infanterie, 1 malade sur 57 dans l'artillerie, 1 malade sur 15 dans la cavalerie. La moyenne a toujours été plus élevée dans cette arme à partir du moment où les cavaliers ont été privés de leurs chevaux. Il y a dans ce fait un exemple remarquable de l'influence de l'action morale sur l'aptitude des hommes à supporter les fatigues d'une campagne; un cavalier sans son cheval n'est plus dans son élément, le service à pied le fatigue, et il se trouve prédisposé aux maladies par l'action des causes physiques et par le chagrin des privations plus grandes qui le frappent.

C'est dans ces conditions que les hommes, au camp, traversaient la longue période du blocus. Au point de vue sanitaire, l'armée était apte à répondre à tout ce qu'on pouvait lui demander, et son état moral était entretenu par l'espérance qu'un jour viendrait où elle pourrait utiliser ses forces; mais à Metz la situation n'était pas aussi favorable, les plus grands embarras, les plus grandes difficultés y surgissaient ; déjà on était débordé par le nombre des malades et blessés, et le moment approchait où il serait impossible de faire face aux nécessités créées par la force des choses en dehors de toutes les prévisions.

Au début de la campagne, l'administration militaire, prévoyant que Metz deviendrait un grand centre d'évacuation, avait tout d'abord cherché à entrer en arrangement avec la ville pour qu'elle prît à sa charge la responsabilité des soins aux blessés; elle demandait à la ville « de se charger de l'organisation et de la gestion des hôpitaux temporaires nécessaires aux malades et blessés de l'armée, et de la gestion de l'hôpital militaire de Metz dont le personnel serait retiré. La ville choisirait les médecins, les sœurs (si elle désirait en avoir), le personnel, l'administration, les infirmiers; elle fournirait les locaux, les médicaments, les aliments; elle entrerait en jouissance de tout le matériel de l'hôpital militaire, et l'administration de la guerre lui procurerait, en totalité ou en partie, le matériel nécessaire à ces hôpitaux temporaires. Le but principal de cette mesure était de rendre disponible le personnel attaché à l'hôpital militaire de Metz, afin de le porter sur les points où l'appellerait l'intérêt de l'armée. » Cette proposition, dont la portée ne se comprenait pas bien, ne fut pas acceptée par la municipalité, qui se renferma dans les mesures que venait d'adopter le conseil central d'hygiène de faire construire immédiatement au Polygone un baraquement pour deux mille lits avec l'approbation de l'autorité militaire.

De son côté, l'intendance militaire avait pris des dispositions pour augmenter ses ressources et elle put bientôt disposer de quatre mille lits environ. Ce chiffre paraissait suffisant au commencement des hostilités; ne pouvant pas prévoir l'éventualité du blocus, on pensait qu'il serait toujours facile de faire des évacuations nombreuses dans l'intérieur de la France, et déjà les baraques du camp de Châlons, les fermes qui l'entourent avaient été étudiées en vue d'y recevoir les malades et blessés de l'armée, dont un grand nombre fut évacué par le chemin de fer dès les premiers jours. Les 17 et 18 août on put encore en diriger deux mille cinq cents par la route des Ardennes; mais nous allions être cernés et la ville devait seule pourvoir aux nombreux besoins qui se renouvelaient chaque jour. Les casernes, toutes pourvues de lits de troupe, avaient déjà été préparées pour les premiers blessés; celle du génie avait été remplie après Borny, et il devenait urgent de disposer tous les autres locaux rendus à la hâte disponibles, comme les grands édifices de l'État : la manufacture des tabacs, le lycée, les communautés religieuses, les séminaires, l'établissement des jésuites, les écoles, l'évêché, le palais de justice, la préfecture, etc., etc., et enfin un grand nombre de maisons furent aussi ouvertes aux blessés.

Le 17 août, le général commandant la place avait invité la population à se porter au-devant des blessés de Rézonville et même à en abriter le plus possible. Tout le monde s'est rendu à cet appel ; mais, comme on le comprit bientôt, cette dissémination de blessés échappant à l'action de l'autorité, devait être fâcheuse ; elle permettait aux hommes, toujours trop nombreux, qui cherchaient à se soustraire à leurs devoirs, l'occasion et le moyen de vivre en paix dans les maisons, consommant des ressources qui auraient pu être plus utilement employées ; l'on dut même prendre des mesures pour rechercher tous ceux qui s'étaient éloignés de leur compagnie sous un prétexte inadmissible, et l'autorité décida que « les personnes qui voudraient prendre des blessés dans leur domicile s'adresseraient aux médecins traitants des ambulances pour la désignation de ceux qui pourraient être placés chez les particuliers. » Cette mesure était bonne pour tenir un contrôle exact de tous les malades ou blessés qui sans cela auraient échappé à la surveillance.

Aux ambulances déjà établies vinrent se joindre bientôt les ambulances sous tentes dressées sur l'esplanade, au jardin Boufflers, au Saulcy; elles n'étaient pas les moins bonnes, l'aération dont elles jouissaient les rendait même préférables aux ambulances dans les locaux fermés, j'en excepte toutefois l'ambulance du Saulcy. Enfin tout fut mis en œuvre dans ces moments d'extrême nécessité, 300 wagons de la compagnie de l'Est furent disposés pour abriter nos malades et blessés, si bien que, grandes ou petites, on ne comptait pas moins de 60 à 70 ambulances où 22,000 hommes ont été réunis vers la fin de la campagne; les maisons particulières ont été ouvertes à plus de 2,500 blessés parmi lesquels les officiers étaient en grand nombre.

On comprend aisément qu'une aussi grande agglomération de blessés et de malades devait faire naître des difficultés de toutes sortes; d'abord pour les soins médicaux, mais l'administration a rencontré de suite le plus grand empressement chez les médecins civils de Metz. Ceux-ci se sont réunis sous la direction d'un des leurs, M. Isnard, ancien médecin principal de l'armée, aujourd'hui en retraite, et ils ont pris le service des baraques du Polygone qui ont toujours été remplies et ont eu plus de deux mille habitants; plusieurs de ces médecins, indépendamment de ce service, consacraient encore leur temps à d'autres ambulances chez des particuliers. Les médecins militaires s'étaient réservé le plus grand nombre des ambulances établies dans les casernes, sous les tentes et dans plusieurs édifices de l'État. Toujours et partout le plus grand dévouement a été mis au service des malheureux, et si tout le bien possible n'a pas été fait il faut en accuser plutôt les difficultés nées des circonstances que le bon vouloir et l'abnégation de tous.

Le linge, les médicaments étaient fournis, autant que possible, par l'administration militaire, mais elle aurait été vite impuissante sans les dons volontaires de toutes les familles et l'activité que les dames ont déployée dans les soins à donner au blanchissage du linge, à son entretien, à sa préparation. Ces âmes dévouées et généreuses s'étaient formées en comités, chacun avait ses attributions, et nos blessés ont toujours été, de leur part, l'objet de la plus touchante sollicitude. Dans nos ambulances les dames donnaient l'exemple de tous les dévouements avec cet admirable entrain dont les natures délicates sont particulièrement capables; et si quelque chose peut consoler des malheurs qui nous ont frappés c'est bien cette charité exquise dont nous étions tous touchés et attendris.

Indépendamment des secours directs apportés par les habitants, les générosités en espèces n'ont pas manqué. Dès les premiers jours, les souscriptions, les dons volontaires avaient fourni la somme considérable de près de 88,000 francs avec lesquels il fut pourvu aux besoins de luxe, aux douceurs que l'on accordait aux blessés, les frais de nourriture étant à peu près payés par l'administration militaire qui allouait d'abord 2 francs, puis 2 fr. 50 centimes par homme et par jour dans toutes les ambulances qui n'étaient pas directement régies par elle.

Les objets de couchage n'ont pas été faciles à réunir; l'administration militaire ayant épuisé toutes les réserves des magasins, la ville nous vint encore en aide par ses prêts, par ses dons; mais nous ne pûmes cependant pas arriver à coucher commodément tous nos blessés; dans les ambulances sous tentes, plusieurs milliers couchaient sur la paille dont le sol était recouvert, néanmoins ces ambulances n'étaient pas mauvaises; elles bénéficiaient d'une aération plus facile et étaient plus favorables aux blessés.

La plus grande difficulté consistait dans l'alimentation : les hommes, épuisés par la souffrance, par la fièvre, par les suppurations longues, auraient eu besoin d'une nourriture fortifiante, tonique, et nous n'avions malheureusement pas grand'chose à leur donner ; la charité publique, malgré son bon vouloir, aurait été impuissante à procurer le nécessaire ; le sucre, le sel manquaient partout, et parmi les médicaments, les désinfectants, si indispensables, diminuaient sensiblement. Il nous semble que la convention de Genève aurait à combler une lacune pour les circonstances analogues à celles où nous nous sommes trouvés à Metz ; elle devrait décider que des médicaments peuvent toujours être introduits dans une place assiégée. Quelles que soient les rigueurs nécessaires de la guerre, les blessés, les malades doivent toujours être hors de cause; il suffirait d'une résolution internationale pour diminuer, en ce qui concerne les victimes de la guerre, une partie des horreurs qu'elle amène.

Il faut autour des blessés des soins de propreté incessants, une surveillance attentive de leurs besoins et nous manquions d'infirmiers habitués; ceux qui venaient spontanément, des jeunes gens de la ville, des gardes nationaux, se multiplaient pour remplir les offices les plus vulgaires sans répugnance; mais ceux qui ne voyaient dans leur service que la rémunération quotidienne étaient fort au-dessous de ce qu'on devait en attendre. Il n'en était pas de même des femmes qui, pour vivre, étaient obligées d'accepter un salaire; la charité les guidait généralement, et elles faisaient plus que ce qui leur était demandé, les dames même ne dédaignaient pas de remplir ces offices de propreté auxquels elles sont peu habituées, et ces services prenaient aux yeux de tous les proportions de l'acte le plus méritoire.

Ce n'est pas ici le lieu d'entrer dans les détails relatifs aux ambulances de Metz; les personnes qui y ont pris une large part se chargeront de ce soin; pour nous, qui n'avons fait que concourir au but proposé, dans la limite du temps qui nous était laissé, nous ne pouvons que dire combien nous avons été touché de tous les dévouements dont nous avons été témoin, aucun courage n'a manqué; les généreux sentiments stimulaient les plus faibles, les femmes de toutes les classes ont été des anges de bonté et de délicate attention, autant pour aider les malheureux dans leurs souffrances que pour relever leur moral défaillant et il ne saurait y avoir assez de reconnaissance dans l'armée de Metz pour la mettre à la hauteur des services qui lui ont été rendus par les dames de la ville.

Parmi les ambulances créées à Metz, celle du Polygone était la plus considérable, elle fut établie sur le modèle des ambulances américaines au moyen de baraques disposées parallèlement et espacées de six à sept mètres; la toiture était combinée de façon à laisser toujours un espace pour la ventilation correspondant à une ventilation inférieure, de manière à chasser facilement tous les miasmes de bas en haut. Cette disposition, consacrée par l'expérience, a justifié cette fois encore sa réputation. Quoiqu'on la nomme *système américain*, nous pouvons en réclamer la priorité : dès 1830, des baraques analogues ont été construites pour les hôpitaux du Dey et de la Salpêtrière à Alger et nous avons toujours constaté l'excellence de ces constructions au point de vue hygiénique.

Ces baraquements ont logé jusqu'à 2,250 hommes; 5,200 malades ou blessés y ont été traités, sur lesquels il y a eu 634 décès, les soins médicaux y ont été donnés par des médecins civils de Metz.

Les ambulances de Metz se décomposent ainsi :

### AMBULANCES ADMINISTRÉES DIRECTEMENT PAR L'INTENDANCE MILITAIRE.

| | MALADES OU BLESSÉS. | |
|---|---|---|
| Hôpital militaire....... | 1,600 | Médecins militaires. |
| Caserne de cavalerie du fort de Moselle...... | 1,700 | — |
| Magasin d'artillerie de.. | 650 à 1,000 | — |
| Magasin aux grains de.. | 400 à 500 | — |
| Caserne Chambière de.. | 1,000 à 2,000 | — |
| Tentes du Pauley de... | 700 à 900 | — |
| Caserne du génie de... | 1,000 à 2,000 | Médecins Mres et civils. |
| Tentes de l'esplanade de | 1,200 à 1,500 | Médecins Mres et 1 civil. |
| Caserne de Coislin de . | 1,200 à 1,500 | Médecins Mres et civils. |
| Le Polygone de....... | 1,200 à 2,270 | Médecins civils. |
| Manufactures des Tabacs | 1,400 | Médecins Mres et 1 civil. |

### AMBULANCES RÉGIES POUR LE COMPTE DE L'INTENDANCE.

| | HOMMES. | |
|---|---|---|
| Hôpital du Bon-Secours de................. | 50 à 180 | Médecins civils. |
| Collége Saint-Clément de | 100 à 150 | Médecins civils et Mres. |
| Lycée de............. | 130 à 175 | — |
| Presbytère Saint-Simon, | 20 | Médecins militaires. |
| Hôtel de l'artillerie de.. | 90 à 115 | Médecins Mres et civils. |
| Ambulance sous Wagons de................. | 1,000 à 1,200 | — |
| Palais de Justice de.... | 100 à 158 | Médecins civils. |

| | | |
|---|---|---|
| École d'application..... | 97 (officiers) | Médecins M^res^ et 1 civil. |
| Maison de la Régence... | 12 | Médecin civil. |
| École Friedland........ | 25 | — |
| Dispensaire de........ | 60 à 120 | Médecins militaires. |
| École Mazelle de....... | 39 à 107 | Médecins M^res^ et civils. |
| École de la Grève de... | 28 à 83 | Médecin civil. |

AMBULANCES ENTRETENUES PAR SUITE DE TRAITÉS A FORFAIT.

HOMMES.

| | | |
|---|---|---|
| Salle Foulon de............ | 35 à 45 | Médecin civil. |
| Maison Mamer de.......... | 10 à 25 | Médecins civils. |
| École Saint-Vincent de..... | 50 à 60 | — |
| Sainte-Blandine de......... | 15 à 20 | Médecin civil. |
| Maison Strauss............. | 15 | Médecin M^re^ en retraite. |
| École protestante de........ | 12 à 14 | Médecin militaire. |
| Maison de l'abbé Risse de... | 40 à 50 | Médecin civil. |
| Bon Pasteur de............ | 40 à 45 | — |
| Maternité de.............. | 15 à 25 | — |
| Visitation de.............. | 20 à 58 | Médecins civils. |
| Écoles Israélites de......... | 20 à 30 | Médecin civil. |
| Maison des orphelins de..... | 25 à 35 | — |
| École normale de.......... | 30 à 40 | — |
| École des Frères........... | 15 | — |
| Ligue de l'enseignement de. | 10 à 18 | — |
| Maison Fizaine de......... | 25 à 30 | Médecins civils. |
| Maison des Roches de...... | 10 à 15 | Médecin civil. |
| Rue Serpenoise, n° 9, de... | 17 à 30 | — |
| Rue de la Chèvre, n° 19 de.. | 12 à 14 | Médecins civils. |
| École de Sainte-Catherine de | 20 à 40 | Médecin civil. |
| Loge maçonnique de....... | 12 à 15 | — |
| Grand séminaire de........ | 50 à 70 | — |
| Hospice Saint-Nicolas de.... | 60 à 120 | Médecins civils. |
| Couvent du Sacré-Cœur de.. | 40 à 60 | Médecin civil. |

Maison Georges de......... 15 à 18 Médecin militaire.
Sœurs de l'Espérance....... 10 —
Sainte-Catherine de.... ... 60 à 90 Médecin civil.
Maison Claudin de......... 15 à 18 Médecin militaire.
Maison St-Vincent de Paul de 10 à 20 Médecin civil.
Maison Moreau.... ...... 45 —

### AMBULANCES RÉGIES GRATUITEMENT.

Maison de Bouteiller de 10 à 17 officiers. Médecin civil.
Évêché de........... 27 à 33 malades. —
Maison Geisler de..... 10 à 15 — Médecin militaire.

### AMBULANCES RÉGIES GRATUITEMENT PENDANT UN CERTAIN TEMPS.

Hôtel de la Préfecture de 15 à 18 malades. Médecins civils et Mes

Serres et tentes du Jardin Fabert de 80 à 150 malades. Délégation de la société internationale française de secours aux blessés, cette ambulance avait pour chirurgiens en chef MM. les docteurs Le Fort et Liégeois.

Enfin, après la capitulation, quand le cercle de fer qui nous étreignait fut ouvert, les sociétés de secours anglaise, belge, hollandaise et luxembourgeoise, vinrent nous apporter le plus possible de ces choses indispensables qui nous faisaient défaut depuis si longtemps; des médicaments surtout. Ce fut une providence. Ce que nos malheureux blessés auraient tenu de la générosité du vainqueur leur aurait semblé un secours trop amer. Peu à peu, nos ambulances se vidèrent, une partie des blessés fut envoyée en Allemagne, les mutilés seuls furent autorisés à rentrer dans leurs foyers.

Pour terminer le tableau de nos misères, nous trouvons dans les publications officielles de la municipalité de Metz, le chiffre des décès dans l'armée, en 1870. Il est mort à l'hôpital et dans les ambulances militaires de Metz, en 1870, plus de 6,500 hommes dont 75 seulement du 1er janvier au 15 août et le reste en quatre mois et demi, du 15 août au 31 décembre.

Les principales maladies régnantes pendant le blocus ont été la variole, qui a donné la mort à 176 militaires, la dyssenterie à 726 et la fièvre typhoïde qui a fait 1,364 victimes. De toutes les maladies, celle-ci est la plus redoutable en campagne, chez les jeunes soldats surtout, et rien ne nous manquait pour qu'elle s'exerçât avec rigueur ; nous n'eûmes heureusement pas à constater ces graves épidémies qui se développent au milieu des blessés et les enlèvent presque tous. Grâce à Dieu, nous avons pu conjurer cette grande calamité.

PARIS. — J. CLAYE, IMPRIMEUR, 7, RUE SAINT-BENOÎT. — [145]

www.ingramcontent.com/pod-product-compliance
Ingram Content Group UK Ltd.
Pitfield, Milton Keynes, MK11 3LW, UK
UKHW021110290826
14628UKWH00014B/1568

9 782019 663421